作編曲・アドバイス
斎藤守也
Moriya Saito

きき手・まとめ
山本美芽
Mime Yamamoto

レ・フレール斎藤守也の
童謡アレンジで
楽しく学ぶ

左手のための
伴奏形エチュード

JN208417

音楽之友社

ごあいさつ

ピアニストの斎藤守也です。

このエチュードは僕がこれまで考えてきたオリジナルの伴奏パターンの一部を紹介しながら「左手のための伴奏形エチュード」として童謡を編曲、そして僕のオリジナル曲をお届けする内容になっています。

聞きなれた童謡の伴奏をすることで、お子さんでも自然と楽しみながら左手の練習をすることができるのではないかと思います。

また、様々な和音や音階をとり入れることで、馴染みのある童謡が新鮮に聞こえるようにアレンジしています。

ここで紹介する伴奏は様々な曲に応用できるもので、メロディと伴奏をパズルのように色々と組み合わせてみて楽しむこともできる、そんな内容になっています。

左手でリズムを刻むというちょっと独特な伴奏なので、それぞれのパターンのコツやポイント、脱力の仕方なども紹介しています。

最初は難しかったり疲れたりするかもしれませんが、無駄な力を抜いて練習していると少しずつ手に馴染んでくると思います。

ピアノは練習を続けて日々取り組んでいると、手の感覚や聴こえ方が変化します。そんな感覚をこのエチュードで味わってもらえたらと思います。
このエチュードを活用していただき、皆さんのピアノライフがより楽しいものになることを願っています。

©ヒダキ トモコ

伴奏パターン⑨
ぶんぶんぶん……36
Summ, summ, summ

伴奏パターン⑩
いとまき……39
Wind the Bobbin Up

伴奏パターン⑪
静かな湖畔……42
Auf der Mauer, auf der Lauer

伴奏パターン⑫
おんまはみんな……48
The Old Gray Mare

伴奏パターン⑬
幸せなら手をたたこう……51
If You're Happy and You Know It

伴奏パターン⑭
1本指のブルース 完成形……54
One Finger Blues (Full Version)

このエチュードができるまで……4
楽譜について……9
各曲解説……58
コラム
　斎藤守也の音楽歴とピアノ作品……8
　現代のコンポーザー・ピアニストが作る
　左手のエチュード……23
　モードや代理コードを使ったアレンジ……32
　斎藤守也が教える《On y va !》のパターン
　〜弾き方のコツ……46
　伴奏パターンの応用……57

このエチュードが
できるまで

ききて・まとめ 山本美芽

音楽教育にかかわりたい

——演奏や作曲の活動と並行して、近年、教育にかかわり、ワークショップやセミナー、教材制作、そして今回、音楽誌『ムジカノーヴァ』の連載として、このエチュードの執筆にも取り組まれました。音楽教育について、とても強い想いをお持ちですね。

レ・フレールとして活動を続けながら、お客様や関係者も含めて「こんなに楽しいなら、昔習っていたピアノ、もう1回やろうかな」という意見を多く聞きました。「なぜやめてしまったのだろう。環境として難しいのかもしれないけれど、ピアノは楽しみとして続けてほしいな」とずっと思っていました。さらに最近、小さい子どもや若者がピアノを弾く姿に、可愛いな、頑張っているな、続けてほしいなという感情が沸いてくるようになりました。僕自身、子どもが生まれて父親になって、年をとったこともあります。デビュー前に教えていた経験もありましたし、何かもっと皆さんがピアノを楽しめるために、自分にできることはないだろうかと。

そこで、僕が10代のころ作曲したものを使って、何か教材みたいなものができないかなと考えていたんです。僕はもともとロックが好きで、それをピアノで表現する工夫をずっと独学で続けてきました。そんな風に生まれたオリジナル曲の伴奏パターンが、皆さんの左手のトレーニングとして教材になるのではと思ったんです。

10代のころの作品で使っていたパターン

——このエチュードに使われている伴奏パターンは、すべてご自身のオリジナルなのだそうですね。

《ロンドン橋》や《メリーさんの羊》のパターンは、オリジナルというほどのものではないと思いますが、何かを参考にし

© MINORU OBARA

たわけではないので、一応オリジナルですかね。今回のエチュードのパターンはすべてオリジナル曲で使っていた伴奏で、それを少し変えたりして童謡の伴奏にしています。

たとえば《メリーさんの羊》のパターンは、ピアノを習う以前、作曲を始めたばかりの11歳のときの作品《秋風のロンド》で使っていたものです。他にも《ちょうちょう》や《幸せなら手をたたこう》とか、レ・フレールでよく使っているパターンよりはやさしいので、教材になるのでは、と。色々な曲に応用できるので、伴奏パターンとしても使えますし、左手の強化にもなると思います。

——右手は知っている童謡、左手はシンプルなパターンなので、譜読みが苦手で耳コピする場合も、正確に覚えやすいですね。

僕自身、譜読みが苦手で、クラシックのレッスンではすごく苦労しました。いまも作曲・アレンジや演奏の際には、楽譜はほとんど使っていません。譜読みが苦手な生徒さんを応援したい気持ちはあります。

——童謡や子どもの歌は、コンサートでもよく演奏されていますね。

もともとレ・フレールではデビュー前に幼稚園や小学校でたくさん演奏させてもらいましたし、今でも時々行きます。現在も家族向けのコンサートは毎年行っています。ここ数年は、僕ひとりで病院の訪問演奏のコンサートをするようになりました。「何か面白いアレンジができるかな、どうしたら子どもが喜ぶかな」と、ずっと考えてレパートリーを増やしてきたものが、このエチュードにつながっています。

繰り返し弾き続ける難しさ

——このエチュードに取り組む際に、まず頭に入れておきたいことは何ですか？

左手で同じパターンを1曲のあいだずっと繰り返すのは、想像以上に難しいかもしれません。子どもたちは知っている曲、アニメの曲、ポピュラー曲が大好きで弾きたがると聞きました。その際に、右手がメロディ、左手は伴奏の形が多いと思いますが、右手のメロディにつられて左手のリズムのテンポが速くなったり遅くなったりすると、ポピュラーやロックのノリの良さが出ない。なので、左手のリズムは常に同じテンポでキープする必要があります。左右のバランスは、指の力がついてきたらコントロールすれば良いと思います。伴奏のビート感を出すた

めには、リズムは正確に、1音ずつの音のムラをなくして一定の音圧で弾くようにしてみてください。特に8ビートのポップスなどはアクセント以外の音符をどれだけ均等に鳴らせるかがポイントだと思います。

—— 実際に弾いてみるとテンポキープは大変です。しかも1曲同じパターンを弾き続けると、最初は手がすごく疲れます。

　僕の作った曲を練習した方には「他の曲では経験したことのない疲れを感じる」とよく言われます。このエチュードも、練習を始めたばかりの頃は疲れるかもしれませんが、これは左手でずっとリズムを刻む動きというのが、他ではあまりない、皆さんにとって慣れない動きだからだと思います。こういったリズムを刻むという左手の動きは、おそらくレ・フレールのオリジナル曲かブギウギピアノくらいじゃないかと思います。ちなみにレ・フレール＝ブギウギと思われがちですが、レ・フレールの楽曲でタイトルに「Boogie」と入っている曲以外の伴奏パターンはほとんどオリジナルパターンです。時間はかかるかもしれませんが、力を抜くポイント、力を入れるポイントを探り、感覚的に覚えていただきたいです。

独自の指づかい

—— 守也さんがこれまで発表した楽譜に、指づかいは掲載されていないのですが、今回は教育目的のエチュードなので、指づかいを書いていただけないかとお願いしました。

　指づかいは、あくまでもフレーズの弾きやすさや、表現しやすさを前提に、本人がしっくりくるものを探せば良いので、基本的には自由で良いと思います。今回は是非といわれたので、僕が弾きやすいと感じて自然と使っているものを入れてみました。ただ、僕の指づかいは独特というか、自己流な部分や、自分の癖みたいな部分も多く、皆さんにはちょっと違和感があるかもしれません。楽譜にここまで指づかいを書いたのは初めてですね。

—— エチュードなので、やはり作曲家の指づかい通りに弾くことには大きな意味があると感じます。たとえば、守也さんは左手の5度を5－2でとることが多いです。私はこの指づかいで弾き続けるうちに、左の2の指が強化されて、オクターヴの伴奏パターンの内声部分が弾きやすくなりました。

　実際に書いてみて、無意識に弾きやすいように工夫していた部分や、自分の指づかいの特徴に気づいた部分もあります。たとえば、拍の頭や大事な音、しっかりと出したい音に2・3の指が来るようにしていたり、メロディも和音で捉えていることが多かったり、同じ音型は同じ指づかいで弾いたりすることは、よくありますね。

低音の気持ち良さ

—— レ・フレールがデビューしてから、またたく間に「ピアノ革命」といわれてブームになった理由のひとつに、低音で力強くリズムを刻む伴奏パターンの導入があったと思うのです。レ・フレールのライブでは、左手のパターンだけでお客さんの手拍子が起こるんですよね。このエチュードでは、ある意味その企業秘密の部分をピアノ学習者に広く公開する意味合いもあると思います。

　ピアノだけでお客さんから手拍子が起こるというのは、確かに今までにあまりなかったことかもしれませんが、僕は企業秘密だとは思っていません。僕が教育にかかわりたいと思ったのは、皆さんが「こんなピアノがあったんだ」と感じた部分、ある意味レ・フレールが開拓した「低音でリズムを刻んでノリよく楽しく弾く」という部分、これを皆さんにもっと知ってもらいたい、そしてもっとピアノを楽しんでもらいたい、という思いもありました。そのために、このエチュードで左手を練習しても良いですし、難しかったらそんなに訓練しなくても、連弾にすれば手軽にできるので、まずは楽しさだったり、低音の気持ち良い響きというのを体験してほしいですね。

—— 守也さんはいつからピアノの低音の魅力を意識するようになったのですか。

　従妹から譲り受けたアップライトピアノがうちに来た時ですね。低音をボーンと弾いたら家じゅうに音が響きわたって、感動した思い出があります。それからロックが好きになり、低音を重視した音楽が好きになり、その感じをピアノで表現するのが僕の作曲のテーマのひとつで、そういったオリジナル曲もたくさん作ってきました。低音は音も伸びるし、音量的にも派手に使える部分です。低音でリズムを刻む曲では、その気持ち良さを楽しんでいただきたいです。

脱力とリズム

—— 守也さんが弾くリズムは躍動感にあふれていますが、それは脱力と関係ありますか？

　関係あると思います。脱力できて1本1本の指にかける力加減のコツがわかってくると、一つひとつの音圧をコントロールでき、リズムのノリも出せるようになってきます。ノリやビート感というのは頭や指先だけでは出せない、身体全体にかかわるものではないかと思うのです。なので、普段からピアノ以外でもリズムを刻んだり、色々な音楽のリズムを聞き取ったりとか、リズムだけを意識する習慣をつけることも大事です。楽しくノる、踊るだけでも充分で、その際には別に格好良く踊れる必要もないですし、自然とリズムに身体が反応してし

まうことが大切だと思います。

身体にリズムが入っていると、演奏のときに自然と指先からビート感が出る感覚があります。「リズムにノる、音楽を奏でる」というよりは「リズムになる、音楽になる」という感じです。

—— リズム感を良くするためにはどうしたらいいのでしょうか。

僕はもともとリズム感がないので苦労しました。今も苦手意識があり、いつでもリズムで遊ぶようにしています。ドラマーがよくやっているように、車のウインカーを見たら「ンカ、ンカ」と拍の裏で感じるとか。いつも何かしらリズムをとっているので、食事のときにテーブルが揺れていたりして、家族に迷惑をかけてます（笑）。

今でも自分の演奏は録音して聴き直し、リズムが崩れていないか、必ずチェックしています。

—— 練習の際のテンポや回数などは、どのようにしたらいいでしょうか。

長いあいだ弾けるほど良いですが、まずは2～3回繰り返し、大丈夫なら4～5回に増やしてみる。

あとは、メロディが弾きにくくない程度までテンポを落として、ゆっくりから始めて、徐々にテンポを上げて、もとのテンポに戻すといった具合に練習してみてください。指示されたテンポより、メトロノームの目盛を2～3下げて弾くだけでもだいぶ違うので、無理のないように取り組んでみてください。特に器用な子は速いフレーズでもすぐに弾けてしまい、弾けた気になってしまうので、一度ゆっくり弾いてみる練習はおすすめです。

© MINORU OBARA

「ゆっくり弾けないものは速く弾けない」これは僕の師匠の言葉で、今でも僕が心がけていることですが、「弾けるようになったと思ったら、もう一度メトロノームで半分の速さで弾いてみなさい」と師匠に言われ、やってみると怪しい部分が浮き彫りになる。僕は決して器用ではないので、今も「まずはゆっくりちゃんと弾けてから」と自分に言い聞かせています。簡単だと思うものでもマスターはできていないと思うようにして練習します。

シンプルなものほど細かいところに注意をはらえるので、音色やタッチを追求することができます。難しいパッセージやテンポの速い曲は「シンプル」と思えるくらいにテンポを落として、練習してみてください。

—— メトロノームを、かなり日々使う感じですね。

学生時代から今まで、メトロノームをかけた練習はずっと続けていて、コンサートツアーで旅に出るときも携帯用のメトロノームは持っていきます。クラシックにはそれほどないですが、「テンポをキープする」という練習がポップス等を弾く上では重要で、メトロノームは必須です。このエチュードのように、同じリズムを繰り返すパターンはメトロノームと合わせやすいので、練習する際の習慣にしてほしいですね。

アーティキュレーション

—— 伴奏パターンを繰り返す際には、1音1音のちょっとした切り方、微妙な長さで、ノリや雰囲気がまったく変わってきます。そこでアクセントやマルカート、テヌートといったアーティキュレーションについても、かなり詳しく書いていただきました。

細かく指示を出すのは演奏する方の個性を狭める感じがして、あまり好きではないんです。指示が明確にあると、それが「正解」に見えてしまい、それ以外を不正解と感じる可能性があるのでは、と思うので。

—— そこを無理に、「もっとブルースらしくしたいので、もっとアーティキュレーションもほしい」とお願いしたんですよね。

そもそもブルースのような即興的な曲に細かくアーティキュレーションをつけることに違和感がありました。参考までに僕なりのアーティキュレーションをいれてみましたが、同じフレーズでもアーティキュレーションやテンポによって雰囲気が変わります。色々試して総合的に良いなと思う方を選びましたが、やはりアーティキュレーションや強弱だけでは伝えきれないニュアンスもあるなと感じました。

—— アーティキュレーションの通りに弾いてみると、すごく雰囲気が出てきて、弾くのが楽しくなりました。でも、守也さんや様々なプロの演奏のニュアンスと聴き比べると、全然違うことがだんだん分かってきて、仕方ないとはいえ、悩みました。

たとえばブルースを弾く場合は、動画サイトで「ブルース」を検索して、様々な演奏を聴いてみると参考になるとは思います。音楽はずっと続けていると聴こえ方が変わったり、ピアノを弾く手や指の感覚が変わることがあります。自分でその音楽を吸収する感じなんですが、そうやって一度身体に入ってから弾くと出てくるニュアンスみたいなものがあって、それはどうしても楽譜では表しきれない。だから楽譜に忠実に弾

いたり、忠実に再現しようとするのは学びとしては必要だと思いますが、あまり細かいニュアンスとか、音の違いを気にしてもキリがないと僕は思います。かといってオリジナリティを言い訳にしたり「楽しければいい」と、学ぶ姿勢をなくしても上達は出来ないので、楽しむ工夫をすることが大事かなと僕は思います。そういった意味でもこのエチュードは皆さんがピアノを楽しんでもらうために利用していただきたいと思っています。

── プロの音楽家は自分の個性を最大限に活かして自分らしい演奏をつくりあげている。演奏そのものより、その姿勢を真似するということでしょうか。

　「真似」というより「学ぶ」とか「吸収する」ということですかね。　良くも悪くもプレイヤーのすべてが音に表れるのだと僕は感じています。その時の迷いとか自信とか、音を楽しんでいるかどうかなど、自分では意識できていない部分も含め、全部。だから一度ピアノの前に座ったら、音に集中して精一杯演奏すれば、それで良いのだと思います。僕は個人的には個性があふれ出てしまっているような演奏が好きで、水を得た魚のような生き生きした音に魅力を感じますが、でも音楽の感じ方は人によって様々ですし、その時々で変わるので、答えや正解を1つにするのは無理なんだと思います。そういうことよりも、僕は皆さんにまずは音を楽しんでもらいたいなと思います。それぞれができる範囲で良いから、思いきり音を楽しむことの方が音楽的ではないかと僕は思います。

── そうなんですよね。でも、いざ弾くとなると、なかなか自信がなくて、これで大丈夫なのかなと不安があります。

　それは自信がないというよりは、ご自身で判断する習慣が今まで少なかった、というだけではないでしょうか。

── 確かに、そんな気がします。思い切り楽しみながら聴いたり弾いたりしているうちに、内側から出てくるニュアンスもだんだん変わっていくのかもしれないと思いました。それを自分で聴いて、未熟で学びが必要なところはどこか、個性が出ているところはどこなのか、いつも考えるということですね。

今も守っている「師匠の教え」

　── 後半、《いとまき》や《静かな湖畔》のあたりからは、脱力奏法が大きなポイントになってきます。守也さんは、ルクセンブルクの音楽院で7年間師事したガーリー・ミューラー先生の脱力法をもとに、ご自分で奏法を作り上げたそうですね。

　そうなんです。僕もデビュー当時は左手が疲れることがあったので「あれ？ 師匠の教えはオリジナル曲には当てはまらな

い？」と思ったんですが、改めて教えの通りに練習してみたら、ただ僕が脱力を徹底できていなかったことに気付きました。師匠の教えは、まず「しっかりとした音を出す」ことが前提にあり、力を抜きながらも力強い音を出す、その2つを両立させることだったと思っています。

　僕なりの解釈も含め簡単にまとめると、

手首、ひじ、肩の力を抜く
　関節を強ばらせて、形を保とうとしない。いつでも力が入れられる状態にしておく。

腕の重みを利用して弾く
　力まかせに弾かない。

弾いている指以外は力を抜く
　打鍵する指だけに腕の重みを伝える。

力を入れるのは弾く瞬間だけ
　一瞬で腕の重みを鍵盤に伝える。

鍵盤を押さえつけない
　打鍵の力を逃がす。

手を固めない
　アルペッジョや和音を弾くとき、事前に手の形を準備しない。

指先で一瞬鍵盤を掴む
　音を出すときの意識は手ではなく指先。

第一関節をへこませない
　指を棒のように使わない。

指先から肩まで連動させる
　どこか1ヵ所の関節に負担をかけない。

などです。

　師匠からは「これらを演奏中に無意識にできるよう、意識して練習する時間をとりなさい」と言われました。

　ステージで演奏活動をするようになってからこの教えを思い出し、8ビート系、16ビート系、ブギウギなど様々な伴奏パターンに当てはめて、徹底的に練習しました。すると、どのパターンを弾くときも手のひらの中心から親指の付け根の辺りに力が入っていることに気づき、そこを改善することで2時間のステージでも左手が疲れなくなりました。でも、これは僕の場合ですし、脱力に関しては、僕自身もまだ試行錯誤を重ねています。ここでの説明も、あくまで僕のやり方で、一人一人の手の形や使い方、癖や感じ方は様々だと思います。

　なので皆さんは「試してみて、楽だと感じるなら取り入れてみる」くらいに思ってください。

　ご自身の感覚に集中して、改善点を探してみてください。脱力することだけを目的にしないで「自分の出したい音を、自分の身体を使って、自分が出す」という喜びを感じながら、脱力に取り組んでいただけたらと思います。

斎藤守也の音楽歴とピアノ作品

文・山本美芽

© MINORU OBARA

斎藤守也は1973年11月5日、神奈川県横須賀市で生まれ育つ。父と母は塾講師。7人兄弟の3番目、斎藤家の長男として生まれた。レ・フレールの相方である圭土は5歳年下の弟。

守也は絵や工作に熱中する幼少期を経て、11歳から家にあったキーボードで自己流の作曲を始め、12歳からピアノを習う。中学ではピアノの宿題だったバイエルの練習よりも作曲に熱中。15歳からルクセンブルク国立音楽学校に留学、ガーリー・ミューラーにピアノを師事。独学で作曲を続け、ロックや好きな音楽の耳コピをしながら、クラシック作品を練習していた。現在ライブでもよく演奏される《On y va !》は18歳のとき、《Flower Dance》は20歳のときの作品。ブギウギピアノを初めて聴いたとき、自らのオリジナル伴奏パターンとの共通点を感じ、耳コピで演奏したりし始めたのもこの時期。6年間在学し、卒業試験ではベートーヴェンのピアノ協奏曲第1番を演奏。プルミエ・プリ（最優秀）を得て22歳で音楽院を卒業。師のミューラーにはベルギーの学校に進学して国際コンクールへの挑戦を勧められるが、オリジナル作品を創作したい気持ちが強く、帰国する。ヨーロッパと日本の違いに戸惑い、模索する時期を経て、ソロ演奏やバンドでの演奏活動を行う。2002年に圭土と連弾ユニット「レ・フレール」としての活躍を始めたところ人気に火がつき、2006年にメジャーデビュー。「ピアノ革命」としてブームとなる。

2013年に様々な民族楽器などをとり入れたソロアルバム『旅』をリリース。2017年には初のピアノソロアルバム『MONOLOGUE』をリリース。それを皮切りに様々なソロ活動も始め、2017年にレ・フレール作品の楽譜『レ・フレール THE BEST SCORE』、2018年にはすべてオリジナル曲からなるソロ楽譜『MONOLOGUE』を発表した。基本的に自作自演で活動しているため、作品はピアノ曲が大多数を占め、そこから別の編成に編曲されたものもある。ジャンルにこだわらず色々な音楽を聴くが、あえてジャンルをあげるとロック、特にハードロック、民族音楽、特にアイリッシュ系、ロマ音楽、アフリカ系等。クラシックではベートーヴェン、バッハ、ドヴォルザーク等。

レ・フレールにおけるプリモとセコンドの役割分担は独創的なもので、「キャトルマン・スタイル」と名付け、お互いの手を交差させたり、頻繁なパートの入れ替わり、二人羽織のポジション、ふたりで役割分担して行う内部奏法やフラジオ奏法、両手を使った高速の同音連打（トレモロ）で持続音のようにメロディを聴かせる奏法など多種多様。ライブ・パフォーマンスとして面白いが、すべて音楽的な理由でとり入れている。

レ・フレールでもソロ活動でも、作曲・アレンジには楽譜をほとんど使わない。しかしこれまで発表したオリジナル曲であれば当日のリハーサルで数回演奏し急遽ライブで弾くこともあるという。かなりの曲数をいつでもコンサートで弾けるレパートリーとして暗譜していることになる。11歳のときから留学中に作った曲はカセットテープに録音して記録。最近はスマートフォンなどに録音しながら作曲や編曲の作業を進めているという。今回のエチュードは、ピアノで弾きながら、あるいは頭の中でアレンジを考えて、できあがったものを楽譜に書きおこす手順で楽譜にしている。

守也のオリジナル作品には初期から現在に至るまで、一貫した個性と音楽的な深みがある。よくみられる特徴・個性・手法は以下の通り。

（1）ポップで覚えやすく、歌うようにくっきりとしたメロディライン（2）即興がそのまま曲になったもの、ライブで即興的にアレンジするものなど即興的な要素（3）左手パターンを繰り返し、ドラムとベースに近い感覚のグルーヴを作る（4）調や音程、音域など、ピアノの響きを鋭敏にとらえ生かしたアレンジ（5）4度・5度の無機質な響きを生かした力強さ、あるいは透明感（6）ぬくもりのあるハーモニー（7）孤独感、内省的な音、繊細なタッチ（8）ロック的な激しいリズム、強いタッチ（9）短調を比較的好んで使用（10）教会旋法などをとり入れ、民族音楽的・ロック的な響き（11）手拍子が入る、あるいは観客が参加できるスタイル（12）ピアノの低音の響きを開拓（13）遊び心のある展開、聴き手を楽しませることを強く意識（14）両手を交互に使ってアルペッジョを弾く指づかいを積極的にとり入れる（15）多種多様なグリッサンドや装飾音で、演奏効果を引き出す

　左手で同じリズムを繰り返す伴奏形が、徐々に難しくなるエチュードです。曲が進むにつれて和音の音数が増えて難易度が上がります。途中にサブ・メロディ的な部分を入れてあり、テーマと同時に弾いても合う旋律です。連弾などで試してみてください。最初から最後まで続けて1曲として弾いても、Aのみ、Bのみ等、各部分ごとにエチュードとして課題に使うこともできます。

　最初のパターンは弾けても、それ以降のパターンだとオクターヴが届かない、3度や6度が難しい、疲れてしまうなどの場合は、弾きやすいAのパターンをかわりに弾いても良いでしょう。連弾にしたり、みんなで分担してリレー連弾にしても良いですね。自由にアレンジしたり、試したりして、様々に応用してください。

　同じリズムを繰り返す伴奏パターンはメトロノームと合わせやすいので、ぜひメトロノームで練習する習慣を付けるために、このエチュードを活用してください。

A B 基本形
　　 しっかりとした音で

C 間奏（サブ・メロディ）

D E 完成形

1 ロンドン橋
London Bridge Is Falling Down

イギリス民謡
斎藤守也 編曲

むだな力を抜いて、しっかりとしたタッチが理想です。左手の音量が大きくなっても良いので、音とリズムが生き生きするよう集中してみましょう。楽譜を見ずに、音の1粒1粒をよく聴きながら左手を片手練習してみてください。
Bからドソの5度の指づかいが5−2になっています。5−1よりも、5−2のほうが音量のバランスがとりやすいと思うので、手が届くようなら5−2で弾いてみてください。

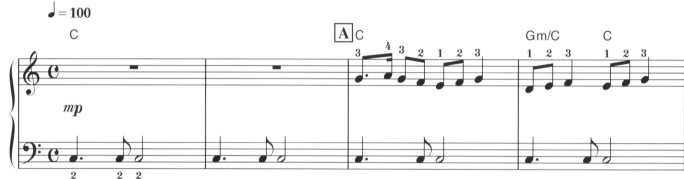
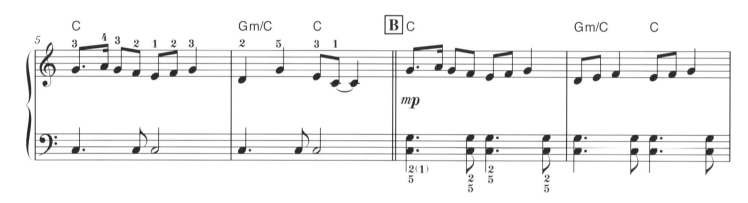
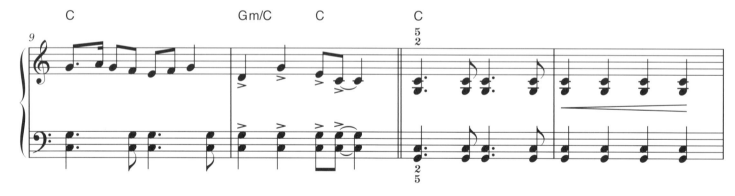
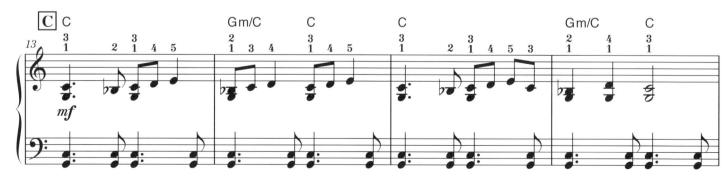

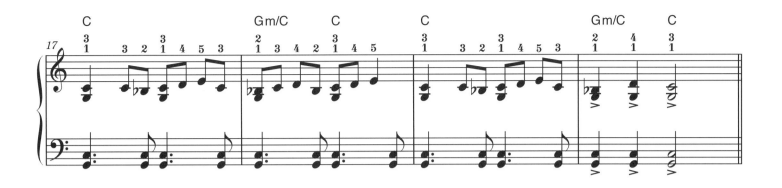
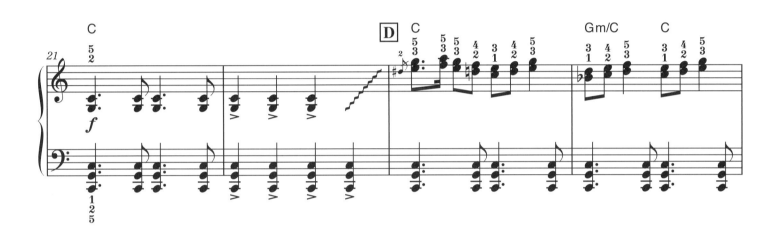
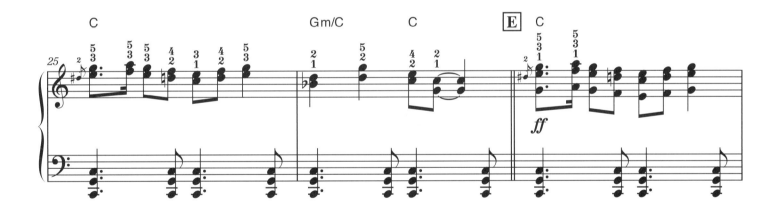
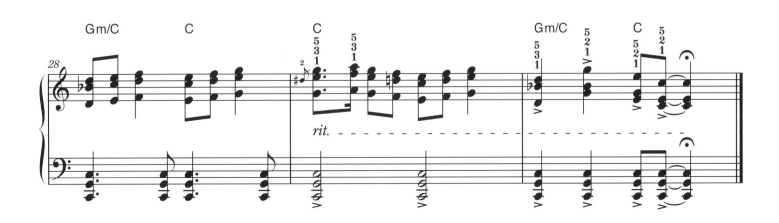

A **B** 基本形
しっかりとした音で

C 間奏（サブ・メロディ）

D 完成形

2 メリーさんの羊
Mary Had a Little Lamb

アメリカ民謡
斎藤守也 編曲

左手は、指だけで弾かず手首も使うと楽に弾けます。ひじから先を回す、たとえばドアノブを回す感じで小指を中心に、手全体をひらひらさせる感じで弾いてみてください。さらに手をほんの少しだけグーパーさせるように。5のときがグー、2のときがパーです。ゆっくりから練習を始め、まずは2〜3回繰り返し、大丈夫なら4〜5回繰り返し、テンポを上げてみましょう。無理のないように取り組んでください。

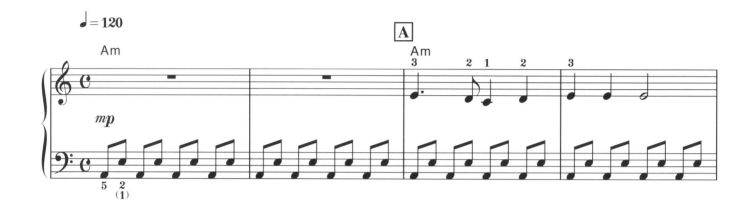

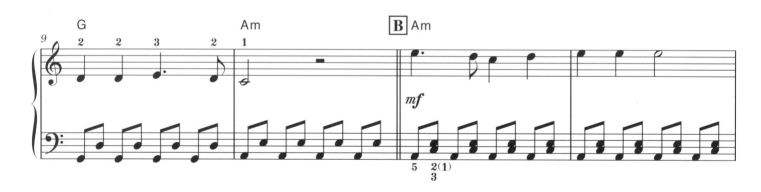

- A B 基本形
  しっかりとした音で
- C 間奏（サブ・メロディ）
- D 完成形

3 ちょうちょう
Lightly Row

ドイツ民謡
斎藤守也 編曲

このパターンはあまり抑揚を付けずに、一定の強さで弾くのが良いと思います。《メリーさんの羊》と同じように、指だけで弾かず、ひじから先の腕を小指を軸にして回転させるように、ドアノブを回す要領で弾いてみてください。
一定のリズムを刻み続けるのは意外と難しいと思うので、メトロノームをかけて、ゆっくりのテンポから練習してみてください。

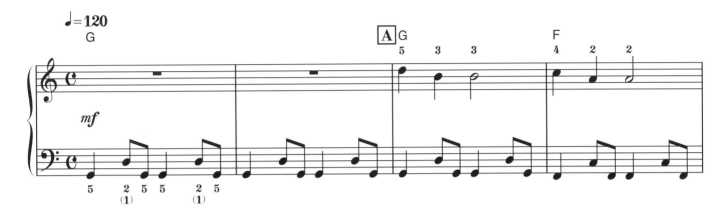

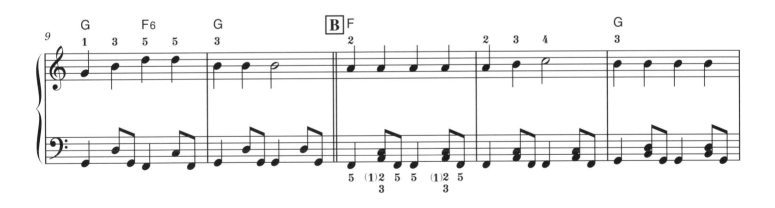

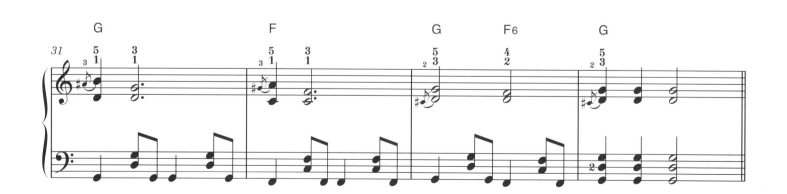

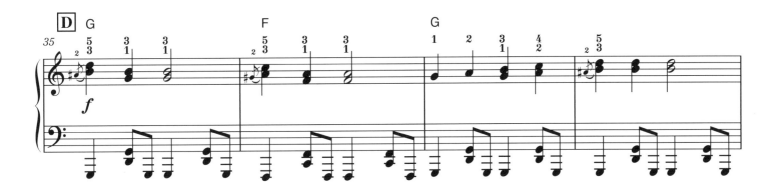
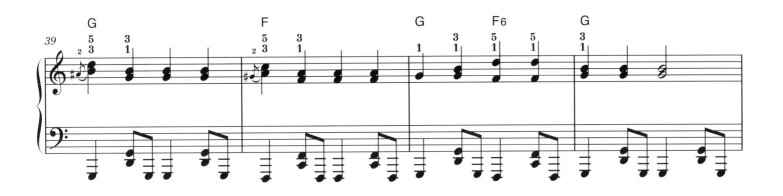
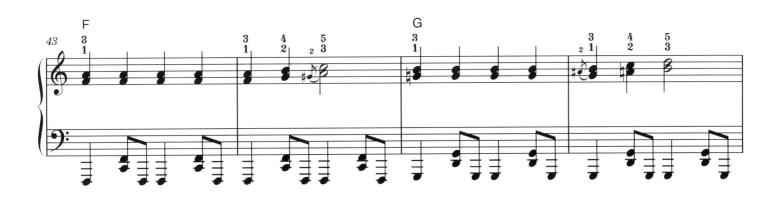

A テーマ
しっかりとした音で

B **C** アド・リブソロ風に

4　1本指のブルース 基本形
One Finger Blues (Basic)

斎藤守也 作曲

3連符のシャッフルのリズムで着想したので、シャッフルが基本ですが、等拍なイーブンの8ビートでも弾くことができ、イーブンにするとロック調になります。まずはゆっくりと力強く弾いてみてください。シャッフルは遅め、イーブンは速めが良いと思います。両手を1オクターヴ下、左手だけ1オクターヴ下で弾くと音の厚みが出るので試してみてください。メロディの裏拍にアクセントが来る部分は、左手のシャッフルの裏の音を意識すると弾きやすくなります。

© 2018 by Moriya Saito

- A B 基本形 しっかりとした音で
- C D 間奏（サブ・メロディ）
- E F 完成形

5 フレール・ジャック
Frère Jacques

フランス民謡
斎藤守也 編曲

A・Bの右手は、しっかりと響かせるため5の指を使っていません。A・Bの左手指づかいは、Cの左手の準備として5-3-2になっています。手が小さい場合は無理せずに3-2-1で。音と音のあいだに少し隙間をあけてほしいのでマルカートにしてあります。Cの左手はドラムとベースのように、右手はアド・リブのソロで「見せ場が来た！」とはりきる感じです。C以降は左手の音量が出るので、右手も負けずにしっかりと。

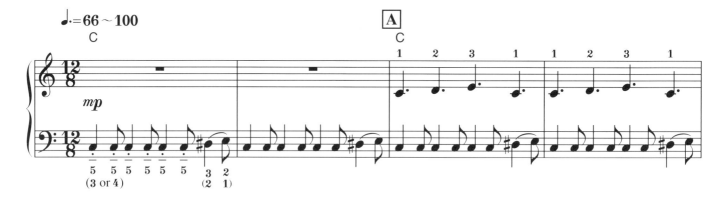

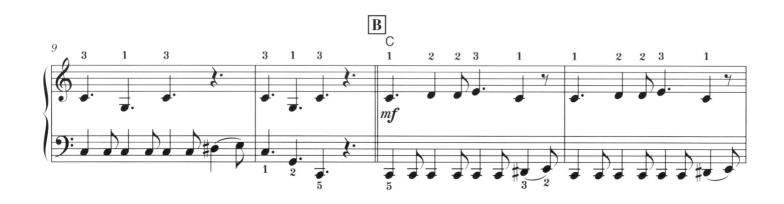

現代のコンポーザー・ピアニストが作る左手のエチュード

文・山本美芽

© MINORU OBARA

　レ・フレールのオリジナル楽曲は、その高い音楽性からリスナーからも学習者からも人気が高く、楽譜が発売されて以来、多くの学習者が取り組んでいる。しかし実際に弾いてみると、演奏するのは決して簡単ではない。では、なぜ斎藤守也は皆が苦労している楽曲を弾けるのだろう。ここで学習の順序として、彼が11歳のときからオリジナルパターンを考え、それらをずっと練習してきた点に注目してみたい。

　ショパンをはじめとして、音楽史上でエチュードを作ったコンポーザー・ピアニストたちは、自分の練習のためにエチュードを作り、それを練習することで自分の作品を弾きこなすためのテクニックを磨いていた。その点は斎藤守也も同じといえる。11歳で作曲を始め、《メリーさんの羊》のようなシンプルな伴奏パターンを独学で考え作ったものの、実際に1曲のあいだ弾き続けるのは簡単ではなく、ずっと練習を続けていた。ルクセンブルクに留学してからは、左手のオリジナルパターンを開拓するのと並行してブギウギのスタイル習得にも取り組んだ。

　ブギウギは20世紀初頭に流行した音楽で、ポピュラーの古典ともいえる様式である。当時、ピアノは進化を重ねてほぼ完成に近付いており、音量や音域が増大していた。ブギウギでは、ピアノの左手が歯切れの良いリズムパターンをしっかりと音圧のある音で繰り返す。ブルースから生まれたブギウギピアノは、のちにジャズやロカビリーなどに枝分かれするが、その際にはピアノ以外の楽器が加わった編成になった。そのため、ピアノ単独で大衆を踊らせた音楽として、ブギウギは歴史的にも独特の位置を占めている。

　このブギウギピアノを専門とする圭土と一緒に演奏するレ・フレールでのコンサートは、ブギウギピアノのようにピアノ単独でも踊りたくなるような雰囲気、客席から手拍子が起こったり、子ども達が踊るという光景が常である。

　もともと守也は、「ピアノの左手の伴奏パターンだけでもブギウギピアノのようにバンドの中のドラムとベースのような効果を出せる」と感じ、様々なオリジナルのパターンを次々に考え、演奏してきた。それらは8ビート、シャッフル、16ビート、ブルースなど多岐にわたる様式を含めて幅広く発展し、それらの伴奏パターンはレ・フレールの楽曲に欠かせないものとなった。

　その後、レ・フレールの楽譜が出版され、第三者の弾き手が演奏を試みると、いくつもの困難が浮かび上がってきた。まず、クラシックの学習者にとっては慣れない動きが含まれていることもあり、難しく感じることがある。特に、左手に連打や同じパターンの繰り返しが多く、高度な脱力が要求される。そこで本書に収録されたエチュードが役に立つ。レ・フレールが生まれる以前、10代の守也が自ら考案して練習した、よりシンプルなパターンから順番に練習していくと、《On y va !》など、より難易度の高いレ・フレールのパターンへと進む準備となる。

　エチュードの歴史の中では、主役となるのは右手のほうが多い。本書のように1冊まるごと左手を主役にしたものは数が少なく、作曲家が最初に作ったエチュードが左手をテーマにしているのも珍しいが、斎藤守也のピアノ作品において左手が果たす役割を考えると、自然なことといえる。また、本書のように童謡を素材とし、1曲がＡＢＣＤＥなどのパーツに分かれていて学習者の段階に合わせてパターンを選ぶことができ、伴奏パターンと曲を様々に組み合わせて応用できるというアプローチは、エチュードとしては斬新でユニークなものだ。楽しみながら創意工夫を引き出し、音楽的な練習へ導こうとする意図が読みとれる。

　斎藤守也がこれらのエチュードに含めた内容をじっくり練習してみると、彼が現在に至るまでオリジナル曲を構築してきたプロセス、そして音楽との向き合い方を、ピアノを弾きながら追体験するかのような感覚が味わえる。そこは、コンポーザー・ピアニストが作ったエチュードならではの面白い部分といえるだろう。

A B	基本形 しっかりとした音で
C D	間奏（サブ・メロディ）
E F	完成形

6 パンダうさぎコアラ
Panda, Rabbit, Koala

乾 裕樹 作曲
斎藤 守也 編曲

右手の3連符が難しい場所は、真ん中の音を抜かす（「タタタ」を「タッタ」のように減らす）と楽に弾けるかもしれません（33小節目など）。EとFの2, 4, 6小節目は、4拍目に下行グリッサンドを入れると楽しい雰囲気が出ます。ちょっと忙しくなってしまうので楽譜には書いていませんが、余裕が出てきたら、ところどころに即興的に入れてみても良いでしょう。

© 1990 by NHK publishing, Inc. & SHOGAKUKAN Inc.

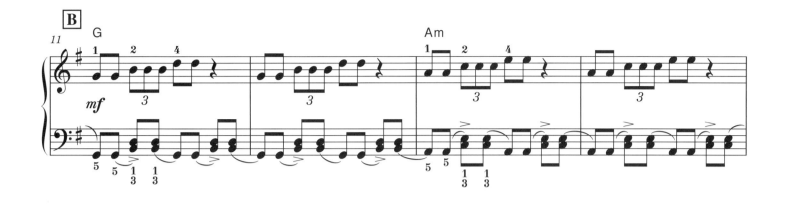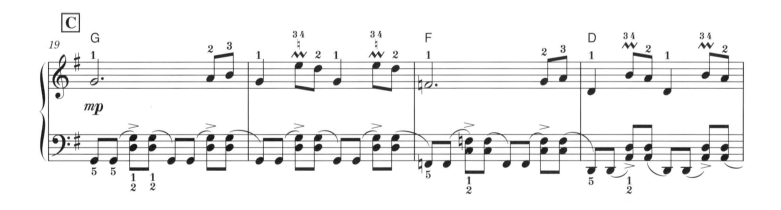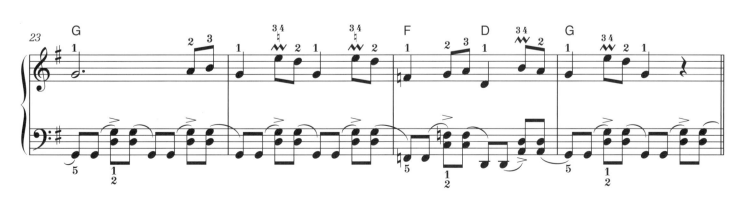

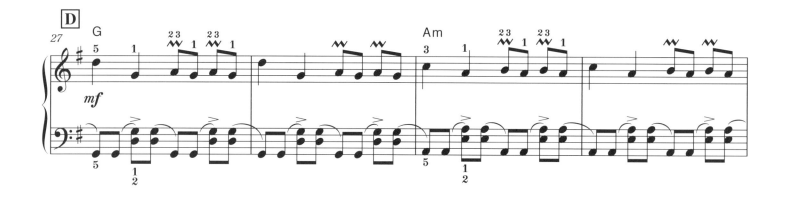
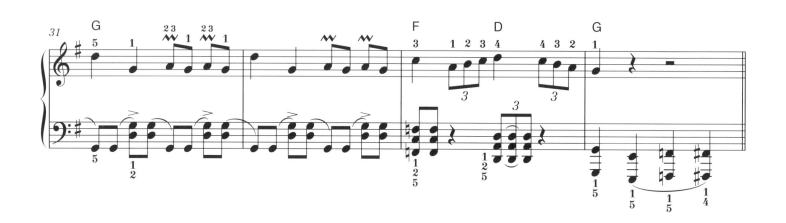
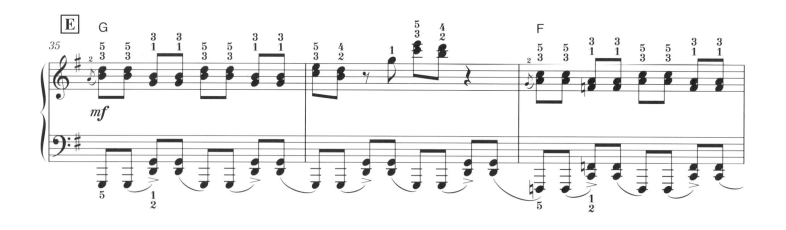
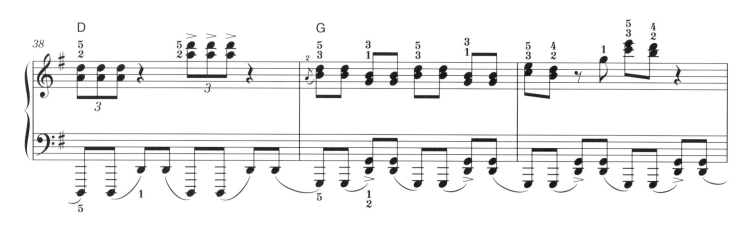

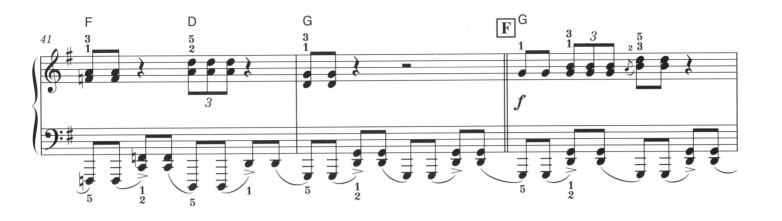
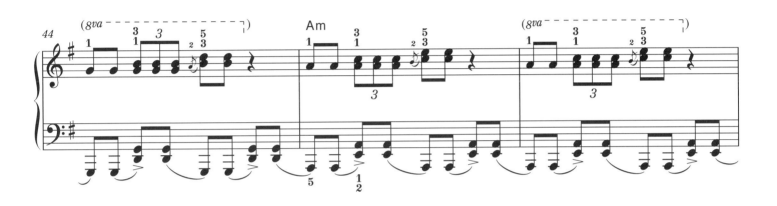
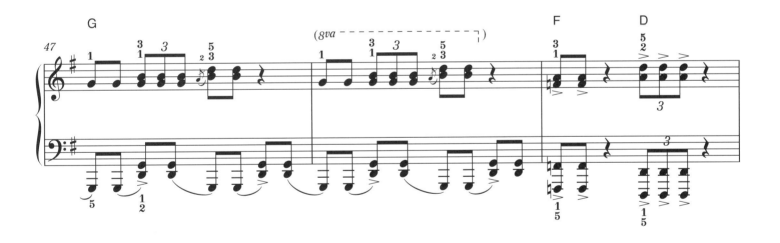
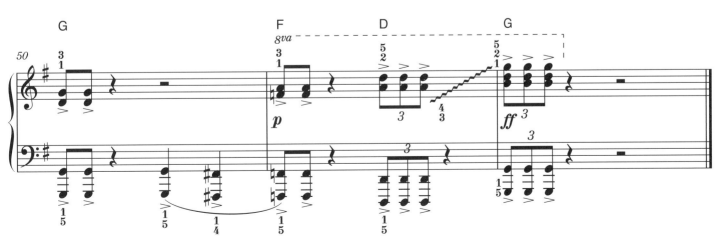

A B 基本形　重々しく

C 間奏（サブ・メロディ）

D E 完成形

7 山の音楽家
Ich bin ein Musikante

ドイツ民謡
斎藤守也 編曲

左手のテヌートのついた音は短くならないように、拍の長さいっぱいに音を引っ張る感じで弾いてください。7～8小節目のメロディはロック調のアレンジなので同じ強さのまま。Eの左手パターンは、1・3拍目でペダルを踏んで、それぞれ2拍のばすと、8分音符が短くならずにニュアンスが出しやすいです。《ロンドン橋》《ちょうちょう》のパターンで弾くとガラッと雰囲気が変わるので、試してみてください。

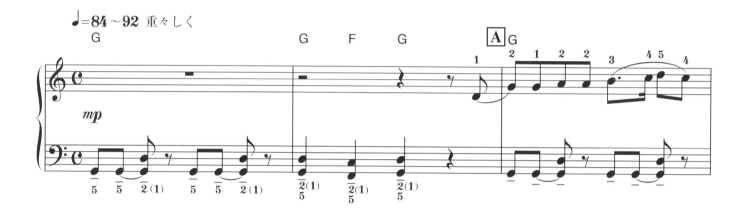

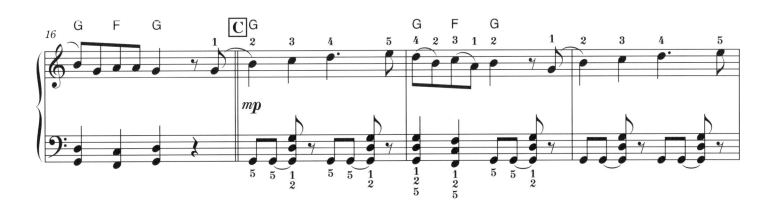

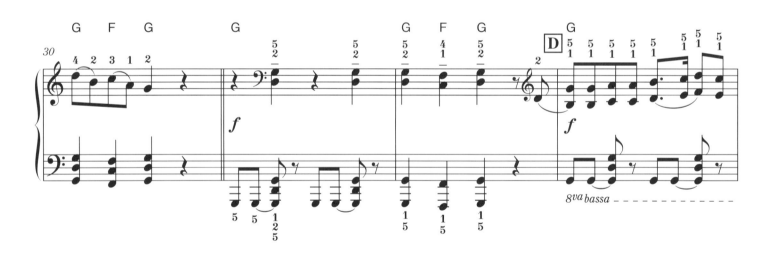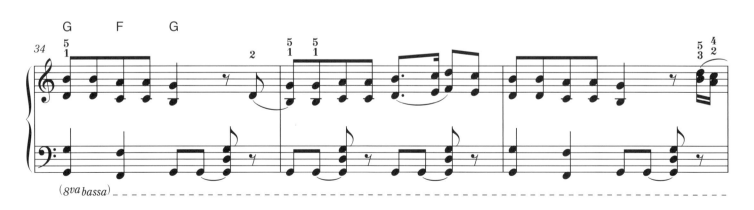

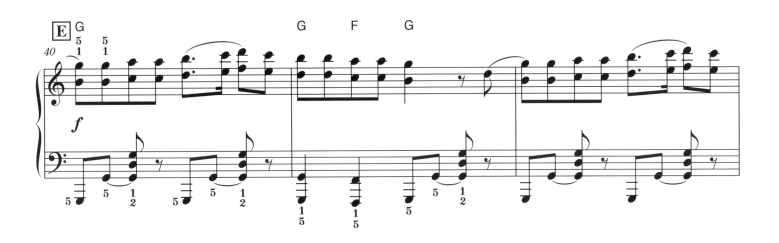

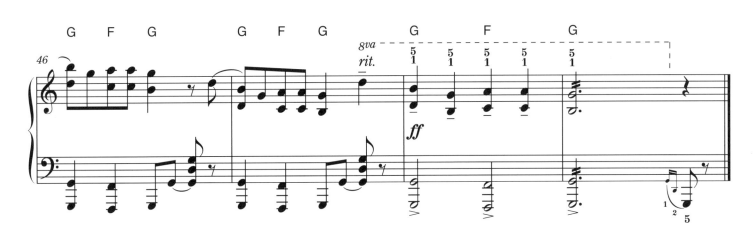

斎藤守也　特別講義
モードや代理コードを使ったアレンジ

ききて・まとめ　山本美芽

——このエチュードには、全音階や和声的短音階などから構成されるいわゆる長調や短調にはおさまりきらない、「モード（教会旋法）」や「代理コード」の響きが使われており、懐かしいような新鮮なような、独特の感じがします。どんな仕掛けがあるのでしょう。

代理コード

たとえば、《メリーさんの羊》はメロディはハ長調のままですが、伴奏で代理コードを使用し、イ短調の響きになっています。

※代理コードとは、コードの構成音が2つ以上同じで、響きが似ているコード。3度下、または3度上のコードが代理コード。Ⅰ→Ⅵ、Ⅲ、Ⅳ→Ⅱ、Ⅴ→Ⅶなどが代表的な例。

譜例1　《メリーさんの羊》

譜例2　代理コードの例

他には《ちょうちょう》や《山の音楽家》などでも伴奏に代理コードを使っています。例えば、G（トニック）からD（ドミナント）となるのが一般的なコード進行の場合に、DのかわりにFを当てはめたりしています。このFはト長調のドミナントマイナーコード、Dmの代理コードです。

※ドミナントマイナーコードは、ダイアトニックコード（その調の音階の音のみからできている和音）のV7の長3度を半音下げたコード。

譜例3　《ちょうちょう》伴奏のコードの成立ち

——響きが新鮮で、しかもGからFへの移動は鍵盤が隣で弾きやすく、一挙両得なアレンジになっていますね。《ロンドン橋》にもⒸ以降の右手サブ・メロディに、ハ長調なのにシに♭がついている個所があります。

《ロンドン橋》はハ長調でアレンジしたので、ドミナントマイナーコードはGmです。ここではGmの代理コードのB♭とは表記せず、ベース音Cの上にドミナントマイナーコードがのっている分数コード、Gm/Cという表記にしました。

譜例4　《ロンドン橋》13小節目〜

ドリア旋法

——教会旋法＝モードが使われている曲もありますね。

※モードは、クラシックではバルトークの『ミクロコスモス』など、他にグレゴリオ聖歌、民族音楽、ジャズ、ロックなどで比較的よく使われる。斎藤守也は「ロックと民族音楽が好き」ということもあり、作品には、モードが登場することがある。《Nostalgie》一部リディア旋法、《GYRO》一部フリギア旋法など。

例えば、《きらきら星》は音階の第6音が特性音であるドリア旋法でアレンジしています。《きらきら星》のメロディを黒鍵を使わずにレから始め、元のメロディと比べると、第3音は半音下げ、特性音である第6音は元の音程のままというようになります。

譜例5　《きらきら星》

また《いとまき》もドリア旋法のアレンジですが、このメロディに特性音である第6音は出てこないので、サブ・メロディや伴奏で使用しドリア旋法の雰囲気を出しています。

ちなみに《いとまき》は最後だけファ♯にしてメジャーコードになって終わっています。これは短調の曲の最後だけ長調の和音で終わる「ピカルディ終止」です。

ミクソリディア旋法

今回、よく使っているもう1つのモードがミクソリディア旋法です。音階の第7音が特性音で、《ロンドン橋》のⒸ以降に出てくるシ♭、または《ちょうちょう》や《静かな湖畔》の伴奏やサブ・メロディに出てくるファのナチュラルなどが、それに当たります。

譜例6　《ちょうちょう》

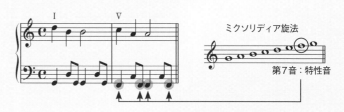

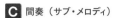

8 きらきら星
Twinkle Twinkle Little Star

フランス民謡
斎藤守也 編曲

イントロはペダルを踏みっぱなしで、左手は音の粒を揃えて、淡々とピアノの響きを聴いて音に浸る感じで弾いてみましょう。左手のシンコペーションがずっと続く曲なので、リタルダンドでひと呼吸入れて、メリハリをつけます。Dのエンディングは、クレッシェンドで盛り上げてから、リテヌートでぐっと遅くします。そこからメゾフォルテになり、さらにリタルダンドで遅くしてからア・テンポで元に戻ってスッと流れます。

A B	基本形 しっかりとした音で
C D	間奏（サブ・メロディ）
E F	完成形

9 ぶんぶんぶん
Summ, summ, summ

ボヘミア民謡
斎藤守也 編曲

右手のアルペッジョは、上向きと下向きの矢印がありますが、どちらもメロディラインに向かっています。左手伴奏の拍の表の音は、内声の半音階進行がしっかり出るように、マルカートで丁寧に音を出すようにしてみてください。前半はペダルを使ってしまうと左手のアクセント、マルカートが流れてしまい、だいぶ印象が変わります。でも、難しいようなら入れても構いません。Fからはペダルを入れます。

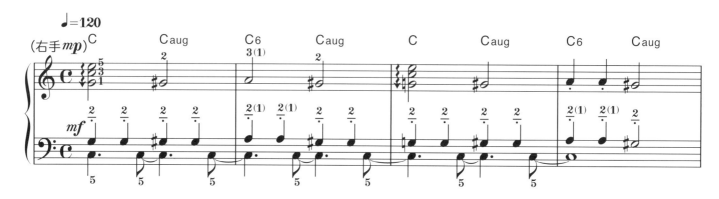

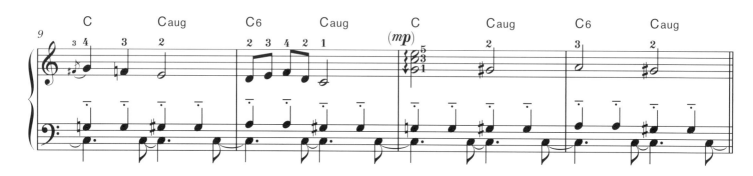

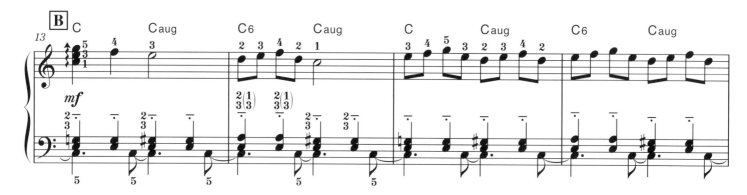

A B 基本形 しっかりとした音で

C D 間奏（サブ・メロディ）

E F 完成形

10 いとまき
Wind the Bobbin Up

デンマーク民謡
斎藤守也 編曲

左手が連打している時、弾いている指以外は力を抜き、手首・腕も連動して動くように。Cからは手を開いて固めるのではなく、弾いている指以外はリラックスした状態で。Dの装飾音は、ギターでコードを鳴らすイメージなので「ジャガジャーン」と前の拍に装飾部分を食い込ませる感じです。ペダルは、ビートがぼやけない程度に入れると楽です。B以降は2・4拍目に、エンディングは派手にするために多めに入れて良いでしょう。

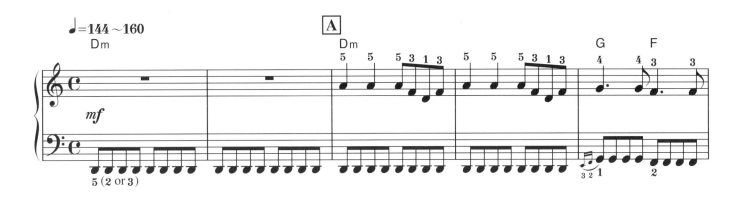

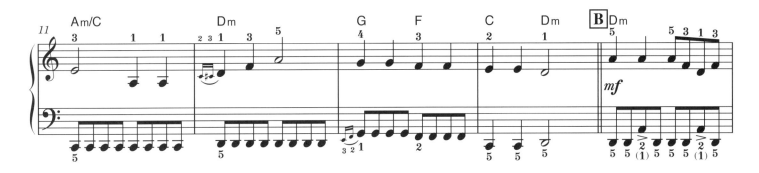
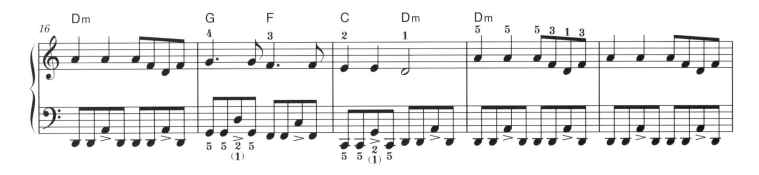

11 静かな湖畔

Auf der Mauer, auf der Lauer

スイス民謡
斎藤守也 編曲

Gは、いったんテンポをかなり遅くして、そこからじわじわと少しずつ速くしていきます。♩=80から200まで、急にではなく徐々に、大きな車輪が徐々に回転を速めていくようなイメージでテンポを上げてみてください。ペダルは、リズムを刻んでいる時はなるべく踏まない方が歯切れが良くなりますが、最後の繰り返しのあたりで演奏を派手にするために入れてもよいでしょう。

斎藤守也　特別講義
斎藤守也が教える《On y va !》のパターン ～弾き方のコツ

ききて・まとめ　山本美芽

―― 守也さんのオリジナル伴奏パターンの中で、代表的なものにオリジナル曲《On y va !》(オニヴァ) があります。

> ※「On y va」はフランス語で「さあ行こう」の意味。レ・フレールのライブ定番曲で、ピアノ学習者にもよく弾かれている。レ・フレール『THE BEST』、『BEST OF LIVE』（ユニバーサル ミュージック）に収録。楽譜（連弾）は『レ・フレール The Best Score』（ヤマハミュージックメディア）に収録。斎藤守也のソロライブでは、ソロバージョンで演奏されることもある。

この左手パターンは、16ビートを刻みながらベースラインが動くのが魅力で、レ・フレールでは《On y va !》をはじめ、《Flower Dance》《ルパンIII世》《Club IKSPIARI》《Follow me !》《Cross 第1番》《Cross 第4番》など、数多く使われています。

伴奏パターンのうつりかわり

―― 《On y va !》はルクセンブルク留学中の18歳のときの作品ですが、当初からこの形だったのですか？

連弾を意識して作曲し始めたのはレ・フレールの活動以降なので、当時はもちろんソロです。伴奏パターンは今と違って最初は5度を使ったものでした（**譜例1**）。

譜例1　18歳のときの元祖《On y va !》のパターン

8ビートのパターンよりも、ズンタタ、ズンタタと速く弾けてスピード感があると思ったのを覚えています。《静かな湖畔》のA部分パターンは、この元祖《On y va !》のパターンの前半のみを繰り返しています。

譜例2　《静かな湖畔》　A部分のパターン

譜例1よりもこちらのほうが弾きやすいと思いますし、同じリズムを繰り返す練習には向いています。そのあとがオクターヴに広げたパターンの伴奏になります。

譜例3　《静かな湖畔》　C以降のパターン

当時このパターンで作った未発表の曲もあり、**譜例1**や**譜例2**よりもリズムが立ち、勢いのあるパターンになっています。レ・フレールでは《Parallel world》（アルバム『4 -Quatre』に収録）の途中で使っています。《静かな湖畔》のC以降の部分とも同じ形です。

その後、20歳で《Flower Dance》を作曲したとき**譜例4**のパターンを考えました。

譜例4

現在の《On y va !》の伴奏パターンで**譜例3**と**譜例1**の進化形です（実際の音域は1オクターヴ下）。

《Flower Dance》はサンバのような雰囲気を出したかったんですが、**譜例3**だとちょっと違う。そこで2拍目をミにしたところリズムが2拍でまとまり、同じ16ビートでもまた違った感じが出せました。そしてレ・フレールで活動をはじめてから《On y va !》を連弾にアレンジする際《Flower Dance》のパターンに変えて、今の形になりました。このパターンは16ビートの曲の伴奏としてはとても使いやすく、レ・フレールではよく使うようになります。

弾かない指は休める

―― 《On y va !》の伴奏パターン（**譜例4**）を弾くにあたっては、まず、7ページのミューラー先生の脱力奏法に関する教えを何度も読み返して、ひとつずつ取り組む必要がありますね。そのうえで、このパターンならではの弾き方のコツを教えてください。

左手2の指で弾く16分音符の連打（ミの連打）が上手く弾けないという話をよく聞きますが、まず拍の頭の音をしっかりと出します。リズムを**譜例2**や**譜例3**のようにズンタタ、ズンタタととらえ、8分音符はしっかり、裏の16分音符は軽く弾きます。すると2の指で弾く連打（2つのミ）ではそれぞれ音色が違ってきますが、この違いを手を固めた状態で出そうとすると、とても疲れます。また、拍の頭の音をしっかり弾く時に鍵盤を押し付けすぎると、リズムが重くなり疲れやすくなります。

　弾き方を図解しますが、この弾き方をするようになって僕はだいぶ疲れなくなりました。

写真提供：斎藤守也

図解！《On y va !》のパターンの弾き方

軽く弾く

親指と人差し指で「つまむ」ような手の動きをする

2の指の付け根（第3関節）が上がる

右から見た図

親指が人差し指に近づき、指の付け根の第3関節が上がる——鳥のくちばしを作るように。力んでその形にするのではなく、**2**の指以外の力が抜けると自然と指が近づく

この鳥のくちばしを作るような形になっている時に親指や他の指を脱力し、休める。

2の指の付け根をさらに立て気味に意識。指を手の内側に寄せる感じで、鍵盤に触れる位置を少しだけ手前にして打鍵

しっかり弾く

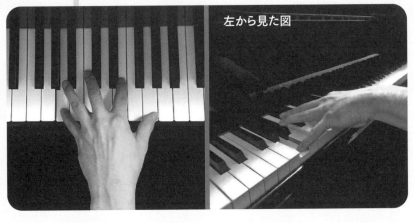

左から見た図

5の指以外は力を抜く。手はある程度開いて良いが、オクターヴの形に固めない

12 おんまはみんな
The Old Gray Mare

A B C	基本形 しっかりとした音で
D E F	間奏 （サブ・メロディ）
G H I	完成形

アメリカ民謡
斎藤守也 編曲

左手のパターンは、アウフタクトをしっかりテヌートで弾いて、そこから拍の頭のスタッカートに（タラッ、タラッ）と鋭くつなげます。裏拍から拍の頭へのつながりを強調するために、裏拍のラの音を拍の頭のミを弾く寸前まで残す、またはタイにして少し残すくらいでも良いでしょう。ペダルは、コードが動く時、主に4拍目に少し入れると楽でしょう。Gから先の部分では、演奏を派手にするためにペダルを多めに使っても良いと思います。

- A B 基本形 しっかりとした音で
- C D 間奏（サブ・メロディ）
- E F 完成形

13 幸せなら手をたたこう
If You're Happy and You Know It

スペイン民謡
斎藤守也 編曲

リズムの練習として伴奏パターン「ドソラソ ドソラソ」につけるアクセントやアーティキュレーションの位置を変えてみましょう。

または裏拍のソをしっかり弾く、逆に変化をつけずに一つひとつの音を均一に弾くなど試してみてください。ペダルは、イントロとエンディングには入れます。それ以外は、なるべくペダルを踏まずに練習してみてください。

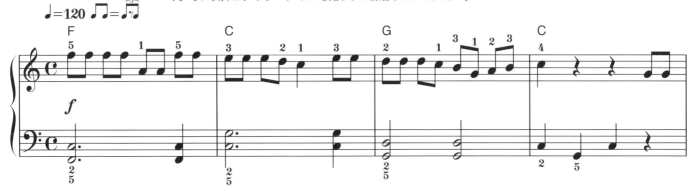

14 １本指のブルース 完成形
One Finger Blues (Full Version)

斎藤守也 作曲

A テーマ
しっかりとした音で

B C D アド・リブソロ風に

まずはイーブンで弾いてみてください。テンポ表示通りだとロックな感じになります。シャッフルの場合は、表示よりもテンポを遅くして弾くとブルースらしい雰囲気が出ます。発表会で弾くときなどは、イーブンでもシャッフルでも好きなほうで構いません。ペダルは基本的には入れませんが、エンディング（最後の3小節）やイントロの2小節目（テーマに入る前）など、ポイントで入れてみてください。

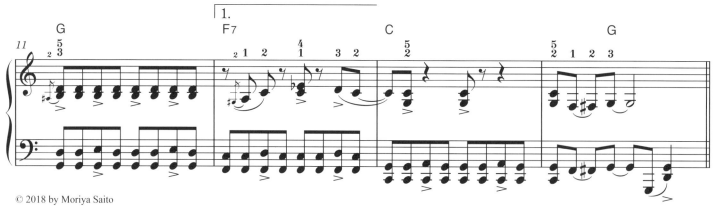

© 2018 by Moriya Saito

※左手は、コードネームの伴奏形を弾こう
　C：1小節目と同じ
　F：7小節目と同じ
　G：11小節目と同じ

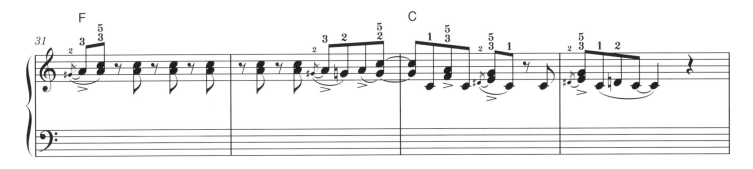

斎藤守也　特別講義
伴奏パターンの応用

本書の伴奏パターンは色々なメロディに当てはめることができます。各パターンを様々なコードの音におきかえて伴奏しますが、まずは簡単な組み合わせで試してみてください。

譜例1　伴奏パターン②と《ちょうちょう》

その他組み合わせ例：伴奏パターン③と《いとまき》、伴奏パターン⑥と《おんまはみんな》、伴奏パターン⑧と《ぶんぶんぶん》、伴奏パターン⑫と《フレール・ジャック》

[ポイントと注意点]

- メロディと伴奏それぞれにイーブン系・シャッフル系のリズムがあるので、まずは同じもの同士で合わせます。
- コードはメロディに合わせて考えられたものなので、コードとメロディの組み合わせは変えずにリズムだけを変えるようにします。
- 《フレール・ジャック》のように1曲のあいだ同じコードで弾ける「ワンコード」の曲は各伴奏パターンで試すことができます。《かえるの合唱》や《かごめかごめ》でも試してください。
- メロディや伴奏は倍、または半分のリズムにすることが出来ます。またイーブンからシャッフルに、シャッフルからイーブンへの転換も試してください。
- 組み合わせによってはリズムが簡単に当てはめられない場合もあります。そういった場合は部分的にリズムを変えるなどして対応してください（譜例2）。

譜例2　伴奏パターン③と《メリーさんの羊》

- 曲の印象は、伴奏やメロディをオクターヴ高く、あるいは低くしてみる、アーティキュレーションやアクセントの位置や強弱のつけかたでも変化します。試してみてください。

左手の型 一覧

今回紹介している伴奏では、和音(コード)の第1音と第5音を基本にしたものが多く、「左手の型」として分類することができます。
基本の型：a, b, c, d、その他の型：e, f
*1：左手の型bを主に使った伴奏はエチュードに含まれません。　*2：第3音が入るパターンは低音域で弾くと重くなりすぎるので、中音域から高音域で弾くようにします。

	構成音	コードがCの場合
左手の型 a	第1音(ルート音＝根音)	
左手の型 b*1	第1音のオクターヴ	
左手の型 c	第1音、第5音	

	構成音	コードがCの場合
左手の型 d	第1音、第5音、第1音	
左手の型 e*2	第1音、第3音、第5音	
左手の型 f	第1音、第5音、第6音	

伴奏パターン 一覧

*3：4拍目の"レ♯ミ"を"ファ♯ソ"に変えることもできます。特に4拍目に休符やのばす音がくるメロディには合います。　*4：メロディに合わせて2小節目にFのコードと4分音符を入れていますが、基本のリズムは1小節目の繰り返しです。　*5：メロディに合わせクリシェのコード進行C→Caug→C6となっていますが、コードがCのままの場合は「ソッソドソッソド」G/Bなら「ソッソシソッソシ」となります。　*6：伴奏パターン⑬と⑭はどちらも第6音を含み、基本的にメジャーコードで使います。ブルースやブギウギの伴奏をベースに考えたパターンで、主要3和音のみで伴奏できるアメリカ民謡に合います。《おんまはみんな》《茶色の小瓶》《友達讃歌》など。

	リズム	使っている左手の型
伴奏パターン①《ロンドン橋》		a c d
伴奏パターン②《メリーさんの羊》		c d e
伴奏パターン③《ちょうちょう》		c d e
伴奏パターン④《1本指のブルース基本形》		a
伴奏パターン⑤*3《フレール・ジャック》		a c d
伴奏パターン⑥《パンダうさぎコアラ》		c d e
伴奏パターン⑦*4《山の音楽家》		c d e
伴奏パターン⑧《きらきら星》		c e
伴奏パターン⑨*5《ぶんぶんぶん》		c d e
伴奏パターン⑩《いとまき》		a c d
伴奏パターン⑪《静かな湖畔》		d e
伴奏パターン⑫《おんまはみんな》		c d e
伴奏パターン⑬*6《幸せなら手をたたこう》		f
伴奏パターン⑭*6《1本指のブルース完成形》		f

各曲解説

きき手・まとめ　山本美芽

1　ロンドン橋
London Bridge Is Falling Down

—— B の左手ドソの和音の指づかいは、5−1ではなく5−2なんですね。

5−2のほうが音量のバランスがとりやすいかなと思いました。慣れなかったり、指が届かなければ5−1で構いません。4小節目の「レミファ、ミファソ」は、123、123とポジションを移動します。同じ音型の場合は指づかいを同じにしたほうがニュアンスが楽に統一できると思います。D の「ソーラソファ〜」の3度は、1音1音をしっかりと出してみてください。3−5が連続する指づかいが難しい場合はミソ→1−3、ファラ→2−4、ミソ→1−3でも大丈夫です。

—— 装飾音符は、どんなイメージで入れたらいいでしょうか。

ここでの装飾音符はエレキギターのチョーキングのイメージなので、あまり歌い過ぎず、軽めに入れると感じが出ると思います。

2　メリーさんの羊
Mary Had a Little Lamb

—— とてもシンプルで、格好良いパターンですね。

作曲を始めたばかりの11歳の頃の作品《秋風のロンド》で使っていたものです。

—— 5−2の指づかいでしばらく弾き続けたら、ものすごく疲れました。

指だけで弾いているのかもしれません。ひじから先を回す、たとえばドアノブを回す感じで5（小指）を中心に手全体をひらひらさせる感じで弾いてみてください。さらに手をほんの少しだけグーパーさせるように。5のときがグー、2のときがパーです。ドアノブを回すようにしながらグーパーする動きです。重心は小指と2−3の指に均等にかかるといいですね。

—— 守也さんが5−2でラミラミと弾いているとき、1の指がものすごく脱力していて、だらんとしていますね。

僕は「筋肉を使う」というより「弾いている指以外は力を抜く」と意識してるので、1の指は弾いてない時に、だらんとしているかもしれません。ラミラミの弾き方も、疲れないコツを身体で覚えて、いくらでも弾いていられると思うくらい楽なのが理想です。

3　ちょうちょう
Lightly Row

—— ノリがよくて身体を自然に動かしたくなります。リズムが課題ですね。

留学する前の13、4歳から使っていた8ビートのパターンです。8ビートはロックやポピュラー音楽でとても多く使われていて、アクセントが2拍目と4拍目にきます。これは伴奏パターン①《ロンドン橋》のリズムに2拍目と4拍目を足したものです。左手は《メリーさんの羊》と同じで、指だけで弾かず、ドアノブを回しながらグーパーするように、ひじから先を回すようにしてみてください。

4　1本指のブルース 基本形
One Finger Blues (Basic)

—— 1本指でも弾ける曲が作れないかとお願いしたところ、即興的に作ってくださった書き下ろしのオリジナル曲ですね。

これは1オクターヴくらいの範囲で、右の2の指、左の2の指、それぞれ1本指でも弾けるブルースです。ペツォルトの《メヌエット》が和音のおいしいポイントを押さえているように、シンプルだけれどブルースの気持ち良さを楽しんでもらえるように考えてみました。

ブルースは黒人のギター弾き語りから始まり、そこからブギウギやロックやジャズが生まれたので、ポピュラー音楽の基礎となります。

—— 2の指だけでゆっくり弾いてみると、1音1音がはっきりしてブルースらしい気がします。でも、5本指で弾いてもいいんですよね。

どちらでも構いません。一応、指づかいは5本指で弾くよ

うに書いています。この基本形を練習しておくと、このエチュードの最後に出てくる《1本指のブルース　完成形》の準備にもなります。

—— ブルースの形式上の特徴はどのあたりに出ているのでしょうか。

　ハ長調ですが、ブルース音階を使っているので、E♭、B♭、ブルーノートのG♭と、3か所に♭がついています。他には装飾音を半音程にするために臨時記号がついています。臨時記号がブルースらしさを出しているので、とってしまうとまったく雰囲気が変わり、お祭りの音楽のようになります。やってみても面白いと思います。

—— シャッフルのリズムを弾くコツを教えてください。

　この曲は3連符のいわゆるシャッフルのリズムで着想したので、シャッフルが基本ですが、等拍なイーブンの8ビートでも弾くことができ、イーブンで弾くとロック調になります。シャッフルで弾くときは、（タッタ）（タッタ）ではなく、（ラッ）（タラッ）（タラッ）と区切り、1拍目の裏と2拍目の頭をひとまとまりにしてリズムをとると、ブルースらしくなります。アクセントは2拍目と4拍目に。ちなみに1拍目と3拍目の頭を強調すると日本の民謡ふうになります。シャッフルで弾くときは遅め、イーブンで弾くときは速めのほうが雰囲気を出しやすいと思います。

5　フレール・ジャック
Frère Jacques

—— **子どもたちの手遊び歌が、ブルース風に格好良く変身しています。8分の12拍子の感じ方のポイントは。**

　《1本指のブルース》の4分の4拍子のシャッフルと同じブルースアレンジですが、この曲は8分音符を意識してほしいので、8分の12拍子にしました。（タカタ）（タカタ）（タカタ）（タカタ）と、8分音符一つひとつをしっかりと意識してください。拍の裏の8分音符を軽くしないで、拍の頭と同じくらい一つひとつ力強く、全体的に音を引っ張るイメージで弾いてみてください。

—— **やってみたら、すごく難しかったです。リズムがもたついた感じで苦戦しました。**

　多少もたつくくらいで良いと思います。♩＝66からじっくりと演奏してみてください。左手は8分の12拍子のリズムに集中してほしいのと、右手はきれいな和音を旋律に付け足してもブルースらしくないので、あえて和音は入れていません。ブルースは、ものすごく遅くてもそれらしいし、もちろん速く弾くのもありです。

　テンポによってアーティキュレーションを変えてもいいですね。ブルースは、クラシックを習ったことのない黒人ピアニストが独自の指づかいで弾くのが味になっている部分があるので、まずはゆっくりと力強く弾いてみてください。そこからテンポをあげたり、遅めにして雰囲気を出したりしながら、楽なテンポ、脱力しやすいポイントを探してください。

6　パンダうさぎコアラ
Panda, Rabbit, Koala

—— **踊りたくなるような楽しいシャッフルの伴奏パターンですね。**

　《夢をかなえてドラえもん》や、《鬼のパンツ》など、普段ライブで演奏するときによく使っている左手のパターンで、これを基本に伴奏することは多いです。跳ねる感じが子どもに喜んでもらえると思います。エチュードとしては右手のメロディの動きと左手が鏡合わせのようになるので弾きやすいかなと考えて、この曲を選びました。

—— **左手パターンにはスラーがあり、右手はリズムが同じでもスラーがないですが。**

　左手はあくまでも繰り返す伴奏としてのスラーで、右手はそれにつられずメロディを歌えると良いですね。このパターンはシャッフルの曲全般で使えます。ブルースではないので「ブルースっぽさ」はあまり気にせず、気楽に楽しく弾いてみてください。

　左手パターンは、腕全体で左手を転がす感じです。げんこつで試すと動きが分かりやすいかもしれません。まず、手をグーにして小指側に重心を置いてから親指の方に転がします。この時に小指側を無理に上げず、手を水平にしたまま手首ごと少し上へ上げます。そして手を下ろす勢いのまま親指側から小指側に転がして重心を小指に戻す。手首はカタカナの「ノ」を描く感じで、腕ごと上下左右に自然に動きます。この動きを手を広げた状態でやってみて、それから実際に弾いてみてください。

　C以降の左手は、オクターヴになるので動きも大きくなりますが、指を固定せずに手首の動きを利用します。腕やひじも

リラックスした状態で、最初はミスしても良いから、動きを重視するぐらいの気持ちで練習して、慣れてきたら動きを少なくしてみましょう。

——C D の右手に出てくるトリルは、どんな楽器のイメージですか？

民族楽器やお祭りの笛など、高い音色で細かい動きができる笛のイメージですね。縦笛でも横笛でもどちらでも合うと思います。

7　山の音楽家
Ich bin ein Musikante

——力強い8ビートです。伝説のロックバンド、クイーンの《ウィ・ウィル・ロック・ユー》のリズムですね。

クイーンの原曲では、アリーナのような巨大な会場で、お客さんが足踏み2回に手拍子1回で「ズンズン チャ、ズンズン チャ」とリズムを刻むような音から始まります。実際のライブでお客さんが手拍子と足踏みで参加するイメージなのだと思います。レッスンでもやってみてください。左手パターンの8分音符は足踏みなので、重々しくなります。

テンポはけっして急がないように。テヌートの指示を入れてあるので、短くならないように、拍の長さいっぱいに音を引っ張る感じで弾いてください。伴奏パターン③《ちょうちょう》の8ビートのパターンよりも音圧を出す感じです。途中で5度のコードを入れて、音圧を意識してアレンジしています。

7〜8小節目の2回メロディを繰り返すところは、1回目と2回目で強さを変えることも多いと思いますが、ここではロックの雰囲気を出すためにあえてずっと強いままの指示です。左手のリズムの音圧を安定させ、右手も同じように一定の音圧で弾いてみてください。

——左手はずっと音階第3音がない5度で、連続5度も出てきますね。ロックらしさと同時に、民族音楽の雰囲気も感じます。

《山の音楽家》はドイツ民謡ですが、旋律がすごくクラシカルだと感じました。8ビートを組み合わせて、しかも民族音楽ふうに弾いていたら、クラシックと民謡が混ざっているような、中世からルネサンス、バロック初期の時代のようなイメージが僕の中にできました。C のメロディもそんなイメージです。

8　きらきら星
Twinkle Twinkle Little Star

——透明感があって、静かなアレンジですね。

この伴奏はシンプルなので、音の響きを楽しめます。イントロはペダルを踏みっぱなしで、ふたつの音だけを丁寧に、指先と耳を通じてピアノと会話するように弾くと気持ちが良いと思います。全体的にペダルを使い、左手はどこかにアクセントをつけるのではなく、同じような粒立ちで淡々と、ピアノの響きを聴いて音に浸る感じで弾いてみてください。このパターンは僕のソロアルバム『MONOLOGUE』収録のオリジナル曲《ＳＮＯＷ》にも出てきます。

——リタルダンドがたくさん出てきます。最初は遅くするのを忘れたり、うまくはまらなかったり苦労しましたが、身体で覚えると自然に弾けるようになりました。

リタルダンドがこの曲のポイントになっていますね。シンコペーションがずっと続いているので、ひと呼吸入れたらメリハリがつくかなと思い、最後にリタルダンドを書き加えました。

9　ぶんぶんぶん
Summ, summ, summ

——イントロや、伴奏パターンの内声のソ、ソ♯、ラ、ソ♯の半音階進行が印象的です。

クリシェといって、コードの中の1音が半音階進行をしながらコードが変わっていく動きです。ベースに来る場合もありますが、今回は内声が動くクリシェで、aug（オーギュメント、増三和音）のコードの響きに特徴があります。augはダイアトニックコード（その調の音階の音のみからできている和音）にはないコードです。

——左手のパターンは、あまり慣れない動きのせいか、苦戦しました。

後半の E や F のパターンは、現在ライブでよく使っています。8ビートの2拍目と4拍目にアクセントがくる曲で、後半の盛り上がりの部分になったときに、1拍目と3拍目にもアクセントを増やして「タツタツタツタツ」にするパターンです。伴奏パターン⑧《きらきら星》はシンコペーションが内声でしたが、今回は低音がシンコペーションになっていて、2の指が表拍、5の指で裏拍というふうに真逆になっています。慣れればそれ

各曲解説

ほど難しくないですし、他でも色々と使える左手の動きです。レ・フレールのオリジナル曲では、《海へ行こう》や《Ocean》の後半に出てきますね。テンポがすごく速いので印象が違いますが、この《ぶんぶんぶん》も遅めのテンポ（♩=100〜108)で柔らかい感じ、または遅めでも力強くしたり、アップテンポ（♩=138〜144)にして激しいロックの感じにしたり、色々な雰囲気で楽しめると思います。

> ※《海へ行こう》　CD　レ・フレール『ピアノ・インフィニティ』（ユニバーサル ミュージック）に収録。
> 《Ocean》　DVD　レ・フレール『Boogie Back to TOKYO/Live』（ユニバーサル ミュージック）に収録。

10　いとまき
Wind the Bobbin Up

—— ピアノ1台でロックを演奏してしまう、低音の魅力が全開のアレンジですね。

　この伴奏パターンが8ビートの基本形で、そこから休符を入れて負担を減らしたのが③《ちょうちょう》と⑦《山の音楽家》のパターンです。イントロから A の左手は、バンドのベーシストが、8ビートで8分音符を刻んでいるイメージで、ここは小学生男子がゲーム感覚でメトロノームに合わせて遊んでもらえるかなと、考えてみました。この左手だけでも、自分のできる最速テンポに挑戦して遊んでみてください。

—— 生徒さんとやってみたら、非常に盛り上がりました。ただ、いざ真剣に練習を始めたら A の連打はものすごく疲れます。5で弾くのは苦しいので3の指にして、テンポも指定より大幅に遅い ♩=60 で練習を始めました。いいのでしょうか。

　それで大丈夫です。決して無理をしないように注意してください。連打は疲れるので、なるべく無駄な力を抜き、力まないようにしてください。弾いている指以外は力を抜いて、指だけで弾こうとせず、手首も使い、腕が連動して動くようにして、どこか1ヶ所に負担をかけないようにしてください。連打のコツは、鍵盤からほとんど指を離さず、すぐに次の音を弾くようにします。弾いている指はあまり寝かさず、手首は下がらないようにします。ひじの高さは鍵盤と水平、もしくは、椅子の高さをほんの少しだけ上げてひじを高めにしても良いかもしれません。そのほうが手の重みがうまく鍵盤に伝わり、音がしっかり出て、疲れにくくなります。遅いテンポから練習

して、疲れたら休んで、少しずつテンポを上げてください。

　C からはオクターヴの幅で跳躍が入ってきます。単音のとき、小指以外はリラックスしています。手をあまり開かず、少しだけ小指側に手を傾けます。その小指を軸にして手を少し開くように、傾けた手を戻しながら次の和音へ移ります。打鍵したら、また小指側に手を傾け、小指以外をリラックスさせます。この動きをリズムに合わせて繰り返します。テンポをキープするためにもメトロノームでゆっくりから練習してみてください。リズムや音圧に安定感があるとさらに良く、特にロック調の曲やアレンジでは全体的に少し重みがあるくらいを心がけると格好良くなります。

　左手がドラムとベース担当、右手はギターやボーカルのような感じに弾けると「ピアノ1台でバンド」を演奏している気分になって楽しいと思います。

　僕が子どもたちの前で弾くときには、♩=120ぐらいから始めて、♩=200ぐらいまでテンポを加速しながら演奏していますが、♩=120ぐらいでも充分雰囲気は出ると思います。

11　静かな湖畔
Auf der Mauer, auf der Lauer

—— 全14曲の中で、唯一16分音符を使ったパターンですね。

　基本の動きは《On y va !》の弾き方と同じです。（46〜47ページ「斎藤守也が教える《On y va !》のパターン」を参照）手を固めずに5の指で拍の頭をとらえ、5の指以外は力を抜きます。「ズンタタ」の「タタ」を弾く時は「つまむ」ような動きをし、親指と人差し指の力が抜けて自然と近づき、鳥のくちばしのような形になります。《On y va !》と違って2の指の連打がないので、弾きやすいと思います。このパターンで「ズンタタ」のリズムに慣れてから《On y va !》のパターンを弾くと楽かもしれません。力を抜いて1と2の指でつまむような手の形の練習も、やりやすいですね。

—— A の左手「ソーレシ」は5-1-3ですが、小さい手のために5-1-2とあります。手が小さい場合は2の指で弾いた方が良いのでしょうか。

　C の「ソーソレ」と同じ指使いの5-1-2で A の「ソーレシ」も弾いておけば練習になりますが、大人には幅が狭すぎるので A は5-1-3で書いています。子どもは5-1-2でも狭すぎずに弾けるので、そう書きました。僕は幅が狭くても5-1-2

61

の方が「ズンタタ」のリズムがとりやすいですが、皆さんのやりやすい指づかいで構いません。

—— 右手のメロディも弾まない「イーブン」に変わっていて、力強い感じがします。

コードやモードではなく、リズムで雰囲気を変えています。もともとシャッフルで馴染みのあるメロディをイーブンにしたり、逆にイーブンのメロディをシャッフルにしてみるなど、他の曲でやってみると面白いと思います。

12　おんまはみんな
The Old Gray Mare

—— この左手のパターンは、難易度が高いですね。

難しいと思います。まず、今回の左手は伴奏パターン⑨《ぶんぶんぶん》をシャッフルにしたパターンともいえます。拍の頭に左手2の指が来て、5の指が裏に来る動きは共通していますが、リズムのとらえ方は大きく違います。《ぶんぶんぶん》のパターンは8ビートで拍の頭をしっかり弾いていましたが、今回はシャッフルで、アウフタクトをしっかりテヌートで弾き、そこから拍の頭のスタッカートに（タラッ、タラッ）と鋭くつなげるように弾きます。

このリズムのとらえ方は《1本指のブルース》での説明とも共通していて、ブギウギにも通じるものがあり、ブギウギの左手の動きの練習にもなります。裏拍から拍の頭へのつながりを強調するために、裏拍のラの音を拍の頭へのミを弾く寸前まで残す、またはタイにして少し残るくらいでも良いかと思います。

—— 頭では分かったのですが、弾くと（ラッタ）（ラッタ）になってしまいます……。

リズムをどう感じているかが演奏に出るのだと思います。シャッフルで裏拍を意識すると前へ進む感じが出ますが、これはスキップや跳び箱と似ているかもしれません。リズムのノリは身体で覚えてしまう方が楽なので、1音1音の出し方やニュアンスを細かく意識して演奏が硬くなるより、身体全体でリズムを感じて、それが音に出るのが良いと思います。

この左手のパターンを弾くときのポイントは、小指側に重心を置くことです。重心を小指に置くようにすると、裏拍が自然としっかりした音になります。　動きとしては手のひら全体を小指側から親指側へ倒す感じです。裏拍を5の指で弾く時、手のひらは鍵盤と水平ではなく、小指側へ少し斜めにします。

そこから手のひらを親指側へ倒すようにして、拍の頭の音を2か1の指で打鍵します。この時、手のひらは鍵盤と水平ですが、拍の頭はスタッカートなので打鍵したらすぐにまた小指側へ少し傾けます。この動きの繰り返しですが、手のひらや手首にあまり力を入れないように。

13　幸せなら手をたたこう
If You're Happy and You Know It

—— イントロとエンディングは、曲本体のメロディラインと少し違うのですね。

民謡にはメロディラインが微妙に違うパターンが存在することがよくあり、この曲もそうなので、ライブでは両方取り入れて弾くこともあります。イントロとエンディングだけ違うものを使いましたが、本体のメロディが一番馴染みがあるものではないかと思います。この左手パターンはルクセンブルクに留学中の16〜17歳の頃に、ブルースやブギウギのような雰囲気で、簡単に弾けるものと思って考えたものです。オクターヴもないし、6度で弾きやすいのではと思いましたが、どうでしたか。

—— はい。弾きやすくて、ほっとしました。手の小さい生徒さんでも最後まで弾けそうですね。ドソラソのラ、音階第6音が入ってくるのがポイントのような気がしますが。

そうですね、ブルースやブギウギの伴奏パターンで第6音が入るものは多いです。ハ長調ならラの音、コードだとC_6。あとはC_7、F_7、G_7などセブンスが入るのも特徴です。伴奏パターン⑭《1本指のブルース　完成形》にも第6音が入っています。

—— 左手パターンの2・4拍目はアクセントですが、強すぎると不自然な気がします。

ここはアクセントをつけるかどうか迷いました。フレーズ自体にアクセントがくるし、後半で重音になると余計にアクセントがつくので。軽くならないように一応つけておきましたが、あまり気にせず楽しんでください。今回は簡単な伴奏パターンなので、リズムの練習として「ドソラソ　ドソラソ」につけるアクセントやアーティキュレーションの位置を変えてみてください。（※詳細は楽譜ページ参照）

—— Dの2、4小節目の3連符の入ったリズムは、どんな感じでとらえたらよいでしょう。

ブルースやブギウギではよく出てきます。3連符の3つの

音符のうち、最初の2つを3で割ります。16分音符4つに限りなく近いけれど、16分音符ではない。ドとド♯を装飾音符にしようとも思ったのですが、どちらかというとメロディラインのレと同じくらいしっかり弾くので3連符にしました。もとの「レファ」のメロディを大切にしながら、かなり引っ張るけれども、ギリギリもたつかない感じに挑戦してみてください。

―― エンディングのフェルマータのついた和音は、どんなイメージですか。

左手だけ少しアルペッジョで、左手から右手の和音につなげる感じです。左手のアルペッジョを弾く速さや、しっかり弾くのかさらっと弾くのかで、それぞれ雰囲気が変わります。

連弾やコラボレーションのときは、こういうエンディングのようなポイントとなる場所でバッチリ決めるために、合わせる位置を細かく相談して練習したりします。それを一つひとつ決めていくのが楽しいところでもあります。そうした積み重ねで曲の印象が変わるので、しっくりくる感じを探してみてください。

14　1本指のブルース　完成形
One Finger Blues (Full Version)

―― 《1本指のブルース　基本形》と比べるとソロを3コーラスに増やし、かなり音圧も出るし、守也さんがステージで弾いているかのようなアレンジです。伴奏パターン⑬《幸せなら手をたたこう》と同様、左手のパターンには6度が入っていますが、こちらはロックな感じですね。

完成形なので、今回はあまり簡単にしようとしていません。この伴奏パターンは1950年代に流行したロックンロールやロカビリーのギターでよく使われているものです。

―― **やっぱり左手がすごく疲れます。**

14曲のエチュードの中で疲れなかったのは、伴奏パターン①《ロンドン橋》⑧《きらきら星》⑪《静かな湖畔》⑬《幸せなら手をたたこう》ぐらいでしょうか。いずれも連打がないパターンなので、連打を弾き慣れない方が多いのかもしれません。

―― **弾き方のコツを教えてください。**

基本は伴奏パターン⑩《いとまき》の連打と一緒です。指や手だけではなく、手首や腕全体を使って弾いてください。《いとまき》ほどテンポが速くないので力は抜きやすい、でも6度で手を固めたまま弾けるパターンなので、力が入りやすい面

もあります。弾いている指以外はなるべく力を抜き、特に2と1の指が「力を抜く、弾く」を繰り返す際に親指の脱力を意識します。指は立て気味にして一定の音圧を保つように弾いてみてください。一定の音圧を保つために基本 mf ～ f で良いと思いますが、mp や ff を入れてメリハリをつけたり、ソロの部分でテンションが上がるとともに f にしていくなど、皆さんの感覚でダイナミクスをつけてみてください。

―― **右手の装飾音符が入ると歌声のような滑らかさが出ますが、入れるのが難しいです。**

僕が弾いている装飾音符をすべて記しましたが、僕自身も弾いたり弾かなかったりするので、すべて弾かなくても大丈夫です。むしろ最初はまず装飾音符なしで、入れられるところだけ追加したり、フレーズごとに装飾があるのとないのと弾き比べをしたりしてみても面白いですね。ここは絶対弾くという装飾に赤丸をつけておいて、あとは気分で変えるぐらいで良いと思います。

―― **『ムジカノーヴァ』の連載時に、毎月1曲ずつ、お話を伺うためにすべてのエチュードを練習してみました。最初は疲れを感じていても、時間をかけて弾き続けるうちにコツがつかめて楽になることが何度もあり、ピアノや音楽の奥深さを改めて感じました。**

このエチュードの目的は、皆さんにちゃんと弾いてもらうことではなく、楽しんでもらうことです。疲れるパターンもあったと思いますが、楽しいと感じてもらえれば何度も弾いていくうちに疲れないコツもつかめるのではないかと思いました。

すぐに弾けるようになる必要はないので、一つひとつゆっくり時間をかけて取り組んでみてください。そして弾けるようになったらおしまいではなく、色々と組み合わせを変えてみたりしながら、楽しむためにこのエチュードを活用してもらえたらと思います。

© MINORU OBARA

プロフィール

斎藤守也（さいとう・もりや）
Moriya Saito

　ピアニスト、コンポーザー。1973年11月5日生。幼少期より音楽に興味を持ち、家にあったキーボードを使い自己流で作曲をする。12歳でピアノを始め、15歳でルクセンブルク国立音楽学校に留学しガーリー・ミューラー氏に師事。クラシック・ピアノを専攻し、プルミエ・プリ（最優秀）で修了。

　2002年に弟・斎藤圭土と1台4手連弾ユニット「レ・フレール」を結成。斬新かつ繊細なプレイスタイルが「ピアノ革命」として話題になる。

　2013年に初ソロアルバム『旅』(Universal Music)、2017年に初ソロ・ピアノ・アルバム『MONOLOGUE』(Universal Music)、マッチングピアノスコア『MONOLOGUE』をヤマハミュージックメディアよりリリース。

　「音楽の楽しさをつたえる」ことをモットーにワークショップ、ピアノ講師向けセミナー活動などを行う。音楽之友社『ムジカノーヴァ』で「レ・フレール 斎藤守也の左手のための伴奏形エチュード」を連載、好評を博す。ヤマハ音楽教室の教材録音に参加するなど音楽教育にも携わっている。

　医療機関や社会福祉施設などでのコンサートをライフワークとし、2018年には「誰もが一緒に音楽を楽しめる機会と環境づくり」をテーマとするプロジェクト「小さき花の音楽会」をたちあげ、自身がプロデューサーをつとめるバリアフリー・ピアノコンサートを開催。これまでに首都圏、愛知県で公演を実施、継続的な活動を行っている。

　　レ・フレール 公式サイト　http://lesfreres.jp

　　斎藤守也 公式サイト　http://moriya-saito.com

山本美芽（やまもと・みめ）
Mime Yamamoto

　音楽ライター・ピアノ教本研究家。東京学芸大学大学院教育学研究科音楽教育専攻修了。埼玉県の中学校教諭（音楽）、養護学校教諭を経て、ジャズ・フュージョンとピアノ教育の両分野で音楽雑誌に寄稿。ピアノを多喜靖美に師事。

　『ピアノ教本ガイドブック』（音楽之友社）『21世紀へのチェルニー』（ハンナ）『自分の音、聴いてる？』（春秋社）など著書多数。2014年よりピアノ教本について指導者向けのセミナーに登壇。全日本ピアノ指導者協会（ピティナ）指導会員。

※本書は雑誌「ムジカノーヴァ」2018年7月号〜2019年8月号連載の補筆・再編集です。

レ・フレール 斎藤守也の
左手のための伴奏形エチュード
童謡アレンジで楽しく学ぶ

2019年10月10日　第1刷発行	作編曲・アドバイス	斎　藤　守　也
2025年4月30日　第5刷発行	ききて・まとめ	山　本　美　芽
	発行者	時　枝　　　正

発行所　株式会社 音楽之友社
東京都新宿区神楽坂6の30
電話 03(3235)2111(代)　〒162-8716
振替 00170-4-196250
https://www.ongakunotomo.co.jp/

432520

© 2019 by ONGAKU NO TOMO SHA CORP., Tokyo, Japan.

日本音楽著作権協会（出）許諾第1909765-505号
落丁本・乱丁本はお取替いたします。
Printed in Japan.

装丁・本文組版：佐藤朝洋
楽譜浄書：（株）ホッタガクフ
協力：カワイ横浜
印刷：（株）平河工業社
製本：（株）誠幸堂

本書の全部または一部のコピー、スキャン、デジタル化等の無断複製は著作権法上での例外を除き禁じられています。また、購入者以外の代行業者等、第三者による本書のスキャンやデジタル化は、たとえ個人や家庭内での利用であっても著作権法上認められておりません。